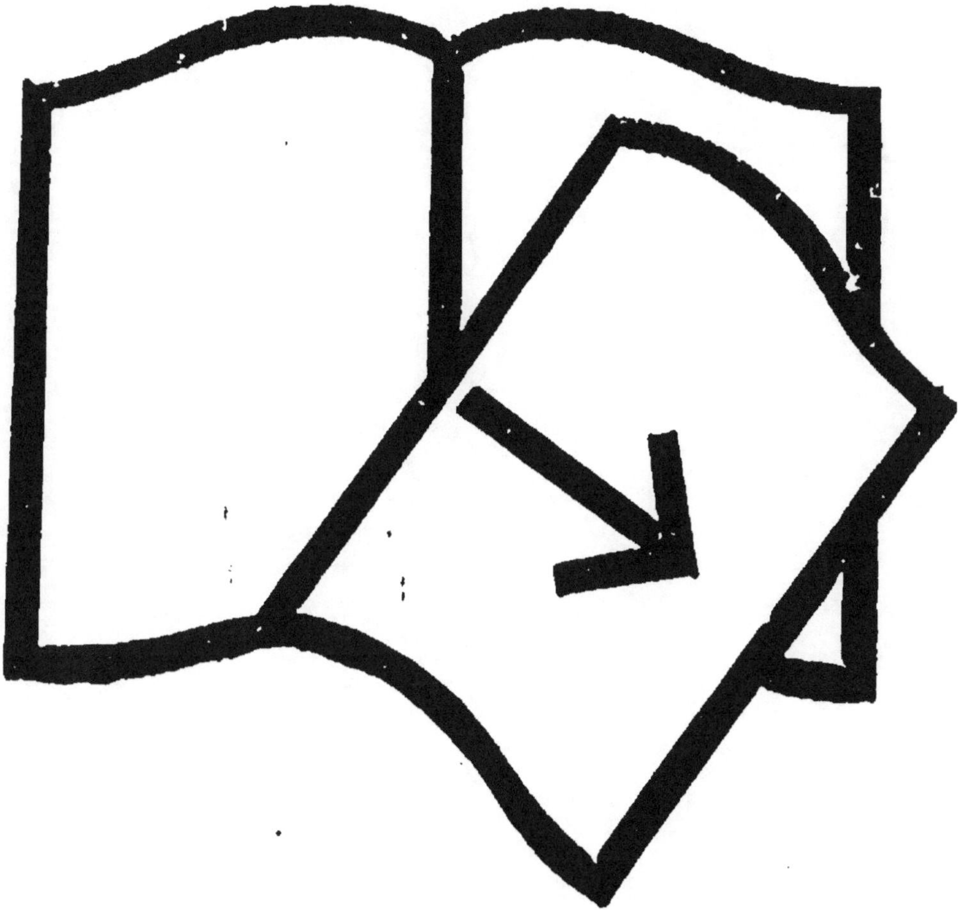

NOTICE

SUR

L'ÉGLISE SAINT-MARTIN DE DOULLENS,

D'APRÈS LES REGISTRES DE SA FABRIQUE,

PAR M. DUSEVEL,

MEMBRE NON RÉSIDANT DU COMITÉ DES TRAVAUX HISTORIQUES, DE LA SOCIÉTÉ DES ANTIQUAIRES DE PICARDIE ET DE LA SOCIÉTÉ D'ÉMULATION D'ABBEVILLE, CORRESPONDANT DE LA SOCIÉTÉ IMPÉRIALE DES ANTIQUAIRES DE FRANCE ET DE CELLE DES ANTIQUAIRES DE L'OUEST, DES ACADÉMIES DE ROUEN, ARRAS, ETC.

A l'extrémité d'une rue étroite, et vis-à-vis la place où l'on vend le blé, s'élève l'*église Saint-Martin* de Doullens. C'est maintenant la seule paroisse de cette ville. Son origine n'est pas connue : on croit qu'elle remonte au XIIe siècle [1]; mais les constructions actuelles ne datent certainement pas de cette époque. L'incendie, la guerre et le temps ont occasionné tant d'altérations dans l'architecture et la forme primitive de l'édifice, qu'un œil exercé peut à peine distinguer les différents siècles auxquels remontent les parties principales de cette curieuse église.

Nous allons faire connaître les détails que nous avons trouvés dans les *Registres aux comptes* et autres titres de la fabrique de Saint-Martin, sur les réparations qui furent faites à cet édifice; nous indiquerons en même temps les noms des artistes et artisans qui les exécutèrent, et nous rappellerons aussi quels étaient ses revenus, ses fêtes, ses usages, etc. On verra par les nom-

[1] Voyez les chartes citées dans les Mémoires de Decourt et la Collection de dom Grenier, au département des manuscrits de la Bibliothèque impériale.

breuses citations placées au bas des pages de ce travail, que, s'il n'offre pas un style élégant, il a au moins un incontestable mérite, celui des recherches et de l'exactitude auxquelles les vrais savants s'arrêtent plutôt qu'à des conjectures, à des phrases brillantes, mais dépourvues d'authenticité.

Les renseignements les plus anciens que nous fournissent les registres et pièces dont nous venons de parler ne remontent qu'à la fin du XVe siècle, à l'année 1495. Alors on achevait la tour de l'ancien clocher de l'église Saint-Martin, avec l'argent que Lancelot de Bacouel, receveur du Ponthieu, avait donné afin de fonder, dans cette église, un salut solennel en l'honneur de Dieu et de la sainte Vierge, et qu'il fût dit un *De profundis pour le repos des âmes des trépassés*[1]. Il paraît que cette tour était fort belle,

[1] «Le jour Saint-Jehan, l'an mil IIII[c] IIII[xx] et XIII, Lancelot de Bacouel, recepveur de Ponthieu, meu de devocion, declaira ausd. curé et maneglisiers et aucuns paroissiens d'icelle église Saint-Martin, qu'il avoit intention fonder à perpetuité ung salut solempnel à haulte voix, chascun jour, à l'heure que l'on a accoutumé sonner le *Ave Maria*, en *l'honneur et révérence de Dieu, notre créateur, et de la glorieuse vierge Marie, et en la fin d'icelui dire ung De profundis pour les âmes des trespassez;* et aussi, faire livrer le chierge de chire, pour allumer durant ledit salut, et faire sonner icelui salut ung quart d'heure. Et en suivant ce, leur pria et requiest ce volloir consentir et accorder. Pour laquelle fondation d'icelui salut, il offrit bailler la somme de neuf vingt douze livres tournois, qui estait somme competente et raisonnable pour acheter rente, pour l'entretenement d'icelui et de ce lui en bailler instrument et lettres.

«Sur laquelle requeste lesd. curé, maneglisiers et paroissiens respondirent qu'ils se conseilleroient, pour avoir advis ensemble; et depuis se soient iceux curé, maneglisiers et paroissiens assemblez par deux fois, et communiqué de ceste matière et tellement quils aient conclud et deliberé accorder aud. Lancelot led. salut, ainsi et par la manière que dit est, et recevoir de lui la somme de IX[xx] XII livres tournois, pour icelle somme estre emploiée et convertie *en la rediffication du clochier d'icelle église encomenchie depuis certain temps; lequel clochier qu'il convenoit nécessairement parfaire ne pouvoit-on par autre meilleur voye ou moyen rediffier,* que de recepvoir dud. Lancelot icelle somme, sans prendre argent à frayt ou asseoir taille sur iceux curé, maneglisiers et paroissiens et sur chascun d'eulx particulièrement, ce que bonnement faire ne se povoit *tant au moyen de peste qui avoit reigné en icelle ville de Doullens* comme aussi qu'il y avoit plusieurs desd. paroissiens qui avoient fait dons et aumosnes particulières à icelle église, pour emploier aud. clochier, lesquels, au moyen de ce, se pourroient retarder de leurs

quoiqu'elle n'eût pas de flèche, soit que l'on eût cru prudent de ne pas la surcharger de cet ornement aérien, soit que, malgré le don de Jean de Bacouel, le manque de fonds eût empêché de compléter l'œuvre.

Un effroyable incendie, arrivé en 1522, à la suite de la prise de la ville par l'ennemi, força la fabrique à faire reconstruire l'église Saint-Martin presque en totalité, vers 1538. Le feu avait dévoré les combles, calciné les pierres de la galerie qui surmontait le vieux clocher et ébranlé les murs de la basse nef, du côté droit, au point qu'ils menaçaient ruine. Pour réparer le dommage on fit venir d'Amiens un homme habile, Jean Bulant, qui était alors chargé de la conduite des travaux de la cathédrale. Il visita attentivement l'église, en indiqua les parties qui devaient être reconstruites, et celles qu'on pouvait conserver. Le bas côté droit fut rétabli en entier, d'après le dessin ou portrait de Bulant[1] : ce bas côté est, selon nous, celui qu'on voit encore aujourd'hui, et dont on admire avec raison l'ordonnance et les contre-forts, ornés de doubles niches, pour en diminuer l'épaisseur.

Les maçons chargés de la construction s'appelaient Jean Dehainault et Jean Robart; tous deux habitaient Doullens, car il y avait encore à cette époque des artisans habiles dans cette ville. On leur paya, pour cet ouvrage et le parvis du petit portail, une

devocions, ainsy que toutes ces choses avoient esté et ont esté plus amplement remonstrées en icelle église de Saint-Martin, etc.

« Passé et recogneu, à Doullens, le dimence douzième jour de juillet l'an mil cccc quatrevingt quinze. »

(Titre, sur parchemin, avec ces mots au dos : *Fondation par Lancelot de Bacouel, Saint-Martin, 1495.*)

[1] « A Jehan Bulant, maistre machon de l'église d'Amiens, a esté paié pour sa personne et pour son cheval, la somme de quatre livres deux solz, pour par lui avoir venu delad. ville d'Amiens, en ceste ville de Doullens, regarder l'achainte ou basse nef que avoient volenté de faire reffaire les curé, paroissiens, maneglisiers et communautté de la paroisse et église Saint-Martin, lequel en aurait faicte visitacion et d'avantaige *auroit faict certain pourtraict*, servant à icelle, dont et sur lequel on auroit prins courage à comencher lad. ouvrage, et marchandé à la toise avecq Jehan de Hainault et Jehan Robart, parquoy lui a esté paié lad. some de IIII l. II s. » (Registres aux comptes de la fabrique de l'église Saint-Martin, in-4°, 1er vol. coté A.)

somme de 104 livres 2 sols tournois[1]. Six cent trente-neuf pieds de grès furent employés à ces réparations[2].

Quelques années plus tard, en 1553, une nouvelle catastrophe vint fondre sur cette église. La grosse tour du clocher, qui s'élevait majestueusement au centre de la croisée, la même probablement que celle qui avait été achevée avec les fonds provenant de la fondation de Lancelot de Bacouel, eut à soutenir un siége en règle contre les Impériaux, qui s'étaient emparés de Doullens. Cette tour fut abattue, ainsi que quelques autres parties de l'édifice. Le dégât fut tel qu'on dut étayer le peu qui en restait, pour l'empêcher de s'écrouler. Jean Bulant fut encore appelé, afin d'examiner ce qui était à faire pour prévenir la ruine entière de l'église[3]; cet architecte s'acquitta de cette mission délicate en homme habile et à la satisfaction de tous les paroissiens.

En 1578, les voûtes au-dessous du clocher et celles des chapelles de Saint-Adrien et de Saint-Nicolas étant à reconstruire, on fit, dans la paroisse, une quête qui aida beaucoup les marguil-

[1] « A Jehan de Hainault et Jehan Robart, maistres machons, demourans en la ville de Doullens, a esté paié la somme de cent quatre livres deux solz tournoiz, pour par eulx et chacun d'iceulx avoir faict ung pan de mur de lad. église Saint-Martin, du costé vers l'*Ave Maria*, ou le *Marché au bled*, lequel mur avec sa fondacion, longueur et largeur, contient le nombre de soixante-dix-sept toises, au pris de vingt-cincq solz chascune toise. Et davantage avoir faict le parvis du petit portail, avec une voussure par desseure l'huis dud. petit portail; pour toutes ces choses leur a esté paié lad. somme de c.IIII l. II s. » (Registres aux comptes de la fabrique de l'église Saint-Martin, in-4°, 1er vol. coté A.)

[2] « A Charles Lenglacé, grenetier demourant au village de Thalemas, a esté paié la somme de sept vingt trois livres quinze sols six deniers, le douziesme jour de febvrier cinq cent trente-sept, pour par lui avoir baillié et livré à lad. église le nombre et quantité de six cent trente neuf piedz de grès, au pris de quattre solz six deniers chascun pied, selon qu'il avoit piéca marchandé avec honorable homme Maxime Lefetois et autres personnages maneglisiers, ci la somme de VIIxx III l. XV s. VI d. » (*Ibid.*)

[3] « A Jehan Bulant, maistre machon de l'église Notre-Dame d'Amiens, pour ses journées d'estre venu en cette ville suivant qu'il avoit esté mandé à visiter les ruynes de lad. église (Saint-Martin) et pour donner son advis et conseil de ce qu'il estoit nécessaire faire et ouvrer tant pour éviter la ruine d'icelle, que pour la faire repparer, etc. CII s. » (*Ibid.*)

liers à payer la dépense assez considérable occasionnée par cette reconstruction [1].

Deux ans après, il fallut songer à recouvrir la nef, le chœur et le clocher. On acheta, à cet effet, des ardoises à Arras, chez Laurent Neveux; ces ardoises coûtèrent une somme importante pour le temps : 586 livres, 6 sols tournois.

En 1595, Saint-Martin essuya un dégât d'autant plus regrettable qu'on ne put le réparer que longtemps après. L'artillerie de l'armée espagnole, qui assiégeait Doullens sous le commandement du fameux comte de Fuentès, lança contre cette église une grêle de boulets qui endommagèrent grandement ses pignons, ses voûtes et ses piliers. Ce fut seulement en 1606, c'est-à-dire lorsque la ville eut été délivrée du joug de l'étranger, qu'on put songer à faire disparaître les trous et les brèches que les coups de canon avaient causés presque partout. L'abbesse de Saint-Michel [2] fournit généreusement la pierre employée à cet ouvrage. Guillaume et Nicolas Daullé, maîtres maçons, reçurent 30 livres 16 sols pour avoir raccommodé et rebouché les trous et brèches de l'église Saint-Martin [3], où le service divin avait même cessé.

Depuis et jusqu'à l'époque de la révolution, on exécuta encore bien des travaux à cet édifice : le chœur fut réparé en 1691 et 1709, aux frais des abbés de Corbie, à cause du prieuré de

[1] « D'une queste faicte par les maneglisiers avant la paroisse de lad. église le 26ᵉ jour de mars mil vᶜLXXVIII, pour aider à paier les machons et ouvriers, lesquelz besongnoient et travailloient pour la construction et édifficacion de trois quartiers de vaulsures faictes et ordonnées à lad. église, assavoir l'une au-dessoubz du clochier, une aultre en la chapelle Saint-Adrien, et une aultre en la chapelle Saint-Nicolas, a esté reçu des *bons paroissiens*, la somme de deux livres deux solz six deniers, ici, v l. II s. VI d. » (Registres aux comptes de la fabrique de l'église Saint-Martin, in-4°, 2ᵉ vol. coté B.)

[2] « Pour les pierres blanches venant de Madame de Saint-Michel, et employées à racomoder les trous et bresches faictz aux pignons et murailles de lad. église par *le canon, lors de la prinse de la ville*, par quittance du 7 octobre seize cent six, a esté paié IIII l. XVI s. » (*Ibid.*)

[3] « A Guillaume et Nicolas Daullé, machons, pour avoir par eux racommodé et rebouché lesd. trous et bresches, par leur quittance du 18ᵉ novembre aud. an, a esté paié XXX l. XV s. » (*Ibid.* 3ᵉ vol. coté C.)

Saint-Sulpice qu'ils possédaient[1]. On restaura aussi les piliers et contre-forts à l'extérieur, en 1697; mais ce travail fut fait avec peu de soin et de goût, car le style gothique n'était plus alors en vogue, et l'on se permettait, comme on peut le voir au haut des trois porches de la façade, des modifications, des changements dans l'architecture des édifices, qu'on ne saurait trop blâmer.

En 1758, on fit quelques réparations au clocher, et l'on y mit un nouveau coq acheté à la veuve Benoît, moyennant 100 sols, plus le vieux coq qu'on lui céda.

Dès l'année 1685, on avait commencé le plafond ou lambris cintré de la voûte de la nef, à laquelle il était survenu de grands dommages pendant le siége de la ville par les Espagnols. Jacques Dequen et Jean Capron reçurent la somme de 88 livres pour le prix de quatre cents feuillets de chêne, employés à ce plafond, et l'on paya: 1° à René Martin et François Delattre, charpentiers, la somme de 22 livres pour le prix de 31 toises de menuiserie faite aux lambris du haut de la nef; 2° et à Jacques Jacquet, menuisier au bourg du Frévent, pour avoir achevé ce travail à partir du crucifix existant à l'extrémité de la nef jusqu'à la rose du grand portail, et façonné le pignon de charpente au-dessus de ce crucifix, une autre somme de 63 livres[2]. Cet important ouvrage fut sans doute donné au rabais, car on ne comprendrait

[1] «Reçu la somme de neuf cens livres de Charles Damy, fermier du prieuré de Saint-Sulpice, au lieu de Monsieur le cardinal de Janson, abbé de Corbie, à cause des réparations du chœur de lad. église (de Saint-Martin) auxquelles le prieuré de Saint-Sulpice est tenu, IXᶜ l.» (Registres aux comptes de la fabrique de l'église Saint-Martin, 7ᵉ vol. coté G.)

[2] «A Jean Dequen et Jean Capron, la somme de quatrevingt huit livres, pour le prix de quatre cents feuillets de bois de chêne, emploiez au lambris de la nef de ladite église, suivant la quittance de 1684, ci IIIIˣˣ VIII l.

«A René Martin et François Delattre, charpentiers, la somme de vingt-deux livres, pour le prix de trente et une toises de menuiserie au lambris de la nef, suivant leur quittance du 1ᵉʳ avril 1685, ci XXII l.

«A Jacques Jacquet, menuisier au bourg de Frévent, la somme de soixante-trois livres pour avoir achevé le lambris depuis les 31 toises, dont est cy devant parlé, jusqu'à la vitre du grand portail de lad. église; aussy pour avoir faict le pignon de charpente, qui est au-dessus du crucifix, LXIII l.» (*Ibid.* 4ᵉ vol. coté D.)

point comment il ne se serait pas trouvé alors à Doullens de menuisier capable de l'entreprendre et de l'exécuter.

Les voûtes des chapelles de Saint-Nicolas et de la sainte Vierge furent restaurées à diverses reprises, notamment en 1652, 1706 et 1709. Outre ces chapelles l'église Saint-Martin en avait deux autres, qui étaient placées sous l'invocation de saint Adrien et de saint Roch; elles ne se voient plus de nos jours. En 1655, Jacques Quillet peignit la table d'autel et les images de la chapelle de Saint-Roch, avec beaucoup d'habileté [1].

Le pavé de la nef était autrefois couvert d'épitaphes consacrées à la mémoire des habitants de Doullens que l'on y avait inhumés. Il fut renouvelé vers 1666 [2]. Ce renouvellement fit disparaître plusieurs tombes en marbre et en pierre, ornées de figures de prêtres, de magistrats et de riches bourgeois, dont l'aspect excitait à la pitié et à la prière pour les générations passées. On ne saurait dire combien de morts recouvrait ce pavé : dans une seule année on en faisait quelquefois l'ouverture, pour enterrer plus de vingt-cinq personnes. En 1682, on inhuma, sous ce même pavé, entre autres corps, celui d'un capitaine au régiment d'Anjou; celui d'Antoine d'Amiette, entrepreneur des réparations aux fortifications de Doullens [3]; celui de Jean Gigault, receveur des consignations de la prévôté de cette ville, et celui d'un maître d'hôtel du sieur de Marcogne, ci-devant commandant de la citadelle de Doullens.

Au xve siècle, l'église Saint-Martin possédait, pour ses enterrements, un drap d'or fort précieux, ce qui prouve que la couleur noire n'était pas alors la seule qu'on employât dans les cérémonies funèbres.

[1] « A Jacques Quillet la somme de quarante-six livres pour avoir peint la table d'autel, les images et passet de la chapelle de Saint-Roch, comme appert par sa quittance, ci XLVI l. » (Registres aux comptes de la fabrique de l'église Saint-Martin, 5e vol. coté E.)

[2] « A Pierre Dumazis la somme de six cent trente livres pour le prix de quatre mille deux cens de pavés, pris en la ville de Tournay, et à raison de quinze livres le cent, suivant sa quittance du 18 juin 1666, cy VI^c^ XXX. » (*Ibid.*)

[3] « Pour l'ouverture et inhumation du corps d'Antoine d'Amiette, vivant entrepreneur des réparations des fortifications de Doullens, a esté receu douze livres, cy XII l. » (*Ibid.* 6e vol. coté F.)

De belles vitres peintes décoraient, au XVIe siècle, les fenêtres du portail, de l'abside et des chapelles de Saint-Nicolas et de la sainte Vierge. Plusieurs de ces vitres étaient remarquables par la pureté du dessin et l'éclat du coloris. On distinguait surtout celle qui était placée au-dessus du grand autel. Elle représentait, au centre, la Reine du ciel, et, sur les côtés, des scènes tirées du Cantique des cantiques. Au bas se voyaient deux personnages à genoux et les mains jointes, selon l'usage du temps : c'étaient honorable homme M. Jean Brunel, receveur pour le roi des aides et tailles de l'élection de Doullens, et Marguerite Cazée, sa femme, qui avaient donné 50 livres tournois à l'église pour aider à faire faire cette superbe verrière [1].

Celle de la chapelle de Saint-Adrien, qui avait été exécutée comme celle de l'abside, par Martin de Caulmont, peintre verrier demeurant à Doullens, prouvait aussi le talent de cet excellent artiste. Elle offrait, sous de religieux emblèmes, une représentation du saint sacrement. Il s'y trouvait également deux personnages à genoux, Antoine Houbart et Collaie Taille, sa femme, paroissiens de l'église Saint-Martin, qui avaient fait don de 10 livres tournois, pour contribuer à l'exécution de ce beau vitrail [2].

[1] « A Martin de Caulmont, verrier, a esté paié la somme de XLIX livres qui lui estoit deue pour avoir vendu et délivré la verrière du grand autel, figurée d'une imaige de la vierge Marie au milieu, et aux costez d'histoires prinses du livre du *Cantique des cantiques* et aultres livres de la sainte Escripture, avec deux priantz, représentant honorable homme M. Jean Brunel, bourgeois et eschevin d'Amiens, recepveur, pour le roy nostre sire, des aydes et tailles de ceste ville et élection de Doullens, et damoiselle Marguerite Cazée, sa femme, lesquelz pour aydier à faire lad. verrière auroient donné à lad. église la somme de cinquante livres tournois, comme appert cy devant au chapitre des dons et aumosnes faictz à lad. église, icy XLIX l. tour. » (Registres aux comptes de la fabrique de l'église Saint-Martin de Doullens, 2e vol. coté B.)

[2] « A luy (Martin de Caulmont) a esté paié la somme de douze livres treize sols tournois qui luy estoient deue pour avoir vendu et délivré une aultre verrière assize en la chapelle Saint-Adrien en ladite église, *figurée* d'une représentation du *Sainct Sacrement de l'hostel* (autel), avec deux priantz, représentants Anthoine Houbart et Collaie Taille, sa femme, paroissiens de lad. église, lesquels luy auroient donné la somme de dix livres tournoiz pour aydier à faire lad. verrière comme appert aud. chapitre des dons et aumosnes, cy XII l. t. XIII s. » (*Ibid.*)

On travaillait presque chaque année aux verrières, à cause des dommages que leur faisaient éprouver les vents et la grêle. Parfois les restaurations étaient coûteuses, et c'est ce qui eut lieu en 1570, 1580, 1606, 1628 et 1652. Pendant les travaux, on bouchait les fenêtres avec des roseaux [1] parce que, sans doute, il en coûtait moins que si l'on se fût servi de toile ou de planches.

La nef de l'église était séparée du chœur et des bas côtés par une clôture en bois fort élégante [2], et par un beau crucifix qui s'élevait jusqu'à la voûte. Ce pieux monument consistait en une longue poutre, avec arabesques, ornée des images du Christ expirant sur la croix, de sa sainte Mère et du disciple bien-aimé, placés debout au pied de cette croix. Un artiste appelé Jacquelle avait peint et doré, moyennant 12 livres, ces curieuses images [3]; elles ont disparu, comme beaucoup d'autres objets intéressants.

Il se trouvait aussi dans la nef des bancs plus ou moins ouvragés. Les huchiers ou menuisiers de la ville avaient cherché à se surpasser les uns les autres dans l'exécution de ces bancs. On les louait ordinairement aux riches paroissiens. Ils étaient encore affermés au plus offrant vers le milieu du XVIIIe siècle. En 1733, en effet, la fabrique reçut, 4 livres 10 sols d'Antoine Savary, pour la location d'un banc situé vis-à-vis de la statue de Jésus flagellé [4]. La même année un sieur Campion lui paya 14 livres 19 sols 6 deniers pour s'être rendu adjudicataire d'un autre banc tenant à la grille de la chapelle Saint-Roch. En 1736, M. Lucet

[1] « A Pierre Roussel pour rozeaux qu'il a fourny, à boucher les deux verrières du costé du cimetière, VI s. » (Registres aux comptes de la fabrique de l'église Saint-Martin, 3e vol. coté C.)

[2] « A maistre Philippe de Mortreux, menuysier, demeurant à Amyens, a esté paié la somme de nœufz vingt livres tournois que lad. église luy devoit du marché et accord faict, pour avoir vendu et délivré à lad. église trois clostures de bois de chesne, pour servir à clorre et fermer le chœur de lad. église, tant sur le devant que aux costez des chapelles, pour ce, icy IX^{xx} l. » (*Ibid.* 2e vol. coté B.)

[3] « A Jacquelle, peintre, a esté paié la somme de douze livres pour la peinture et dorure du crucifix et images de *Nostre Dame* et de *sainct Jean*, suivant sa quittance, cy XII l. » (*Ibid.* 6e vol. coté F.)

[4] « D'Antoine Savary, la somme de quatre livres dix sols, pour l'acquisition d'un banc vis-à-vis *Jesus flagellé*, ci IIII l. X s. » (*Ibid.* 8e vol. coté H.)

paya jusqu'à 18 livres une place qui était la troisième dans le chœur, à côté de M. le curé.

Le grand autel avait une table fort remarquable : elle était enrichie de l'*Histoire de la passion*, sculptée par Jean de Franssières, célèbre tailleur d'images de la ville d'Amiens[1]. En 1606, on peignit et dora cette table d'autel, ainsi que le tabernacle et la crosse qui la surmontaient; puis on représenta sur les côtés plusieurs traits de la *vie de saint Martin*, patron de l'église[2]. Un peu plus tard, on plaça auprès de cet autel deux colonnes de marbre, au haut desquelles on mit des anges[3], qui paraissaient en adoration devant le Saint des Saints. Tout ce travail était fort beau; les Doullennais n'en conservent plus que le souvenir : aucun dessin, aucune gravure du temps, ne peut aujourd'hui nous en donner une idée.

Plusieurs statues des saints patrons des confréries ou corporations d'arts et métiers qui faisaient célébrer leurs messes à Saint-Martin enrichissaient les chapelles. Ici, c'était celle de saint Nicolas, patron d'une fameuse confrérie de ce nom existant à Doullens; un peu plus loin se voyait celle de sainte Catherine, patronne des jeunes filles. Sous les dais tors qui ornent le haut des piliers de la nef, on distinguait les images de saint Sébastien, patron de la confrérie des archers de Doullens; de saint Adrien

[1] « A Jehan de Franssieres, tailleur d'images, demeurant à Amyens, a esté paié la somme de douze escus dix solz, sur et tant moins de plus grand à quoy l'on est convenu avecq luy, pour faire et establir une table d'hostel (autel), contenant l'*Histoire de la passion*, pour servir et mettre au grand autel de lad. église, icy XII l. X s. » (Registres aux comptes de la fabrique de l'église Saint-Martin, 2e vol. coté B.)

[2] « A maistre Mathieu Leprieur et Hubert Maronnier, painctres, pour avoir doré et peint la table du grand hostel, croche et tabernacle de lad. église, suivant l'accord faict entr'eux et les marguilliers par contract passé le six octobre dernier, a esté payé la somme de deux cent soixante-dix livres, sur laquelle somme ils ont faict déduction de trente livres pour avoir argent, et pourtant ne reste plus que deux cens trente livres, icy IIc IIIx l. » (*Ibid.* 3e vol. coté C.)

[3] « Paié à Nicolas Cavrois, de Doullens, la somme de sept livres, pour la vente et délivrance par luy faicte à lad. église de deux piedz de coullumbes de marbre noir, entailliez à six pans, pour mectre les deux anges du devant du grand autel, comme appert par quittance icy rendue, VII l. » (*Ibid.* 2e vol. coté B.)

que révéraient les bouchers de la ville; de sainte Cécile, la patronne des musiciens; de saint Éloi, le saint par excellence des orfévres et forgerons, et de saint Arnoult, le patron des brasseurs.

L'image de saint Martin donnant la moitié de son manteau à un pauvre, non loin de la porte aux Jumeaux d'Amiens, figurée par des tours [1], était peinte et dorée; elle jouissait d'une certaine célébrité auprès des dames de Doullens, qui faisaient constamment brûler des cierges devant ce groupe. Il ne reste, malheureusement, que la tête du cheval sur lequel le saint était monté.

L'église possédait, en outre, quelques statuettes de saints en argent. Telles étaient celles de saint Adrien et de Monsieur saint Martin. Dans les moments de gêne, les marguilliers donnaient ces curieuses images en gage aux paroissiens qui prêtaient à l'église [2]. Pourquoi faut-il que ces images, dont la plupart étaient des œuvres d'art très-remarquables, ne se retrouvent plus aujourd'hui? Des hommes pusillanimes s'empressèrent, dit-on, par peur, de

[1] « A esté paié la somme de six escus douze solz tournois assavoir : un chesne achepté à Anthoine Leclercq, la somme de deux escus quarante solz, *pour emploier à refaire la porte et tours de l'image sainct Martin;* aux soieurs d'aiz, pour avoir soié led. chesne XIIII s. à Martin Duboille, charpentier, pour avoir taillié, assemblé et mis à point lad. porte et tours, ung escu II solz; au tailleur d'imaiges pour avoir taillie ycelles tour et porte, II escuz VIII solz, qui font ensemble ci VI[ll] XII s. » (Registres aux comptes de la fabrique Saint-Martin, de Doullens, 2e vol. coté B.)

« A Jacques Quillet, maistre peintre de la ville d'Amiens, la somme de vingt-quatre livres six solz, pour avoir peint et doré les images de la Vierge et de sainct Martin, et faict les ouvrages de fleurs de lis derrière et aux environs de lad. image de saint Martin, comme appert par sa quittance, XXIV l. VI s. » (*Ibid.* 4e vol. coté D.)

[2] « A Nicolas Cavrois, lequel avoit presté à lad. église la somme de dix livres, pour laquelle somme luy auroit esté mis entre ses mains, par forme de gaige, l'*ymaige de sainct Adrien, estant d'argent.* Laquelle ymaige estoit ancores entre les mains d'icelui Cavrois, pour ce que lad. somme ne luy a esté rendue.

« A Jehan de Sachy, lequel semblablement auroit presté à lad. église pareille somme de dix livres, pour laquelle somme luy auroit esté mis entre les mains l'*ymaige de monsieur saint Martin, estant en lonc sur un cheval, le tout d'argent*, laquelle ymaige est ancoires entre ses mains, pour ce que lad. somme ne luy a esté rendue. » (*Ibid.* 2e vol. coté B.)

les envoyer à la monnaie, lorsqu'on dépouillait nos temples de leurs vases sacrés, de leurs intéressants reliquaires.

Quatre cloches garnissaient le clocher aux XVIe et XVIIe siècles [1]. Nous possédons quelques détails sur la fonte d'une autre cloche en 1618; ils nous apprennent ce que l'on paya au fondeur, ce que coûtèrent l'argile et les œufs employés au moule, et le prix des briques qui servirent au fourneau [2]. La grosse cloche fondue, cent ans après, par Louis Leguay, est probablement celle dont parle une inscription devenue presque illisible, et qu'on trouve gravée sur une pierre, à l'extérieur de l'église.

L'église Saint-Martin possédait beaucoup de reliques; elle en prêtait chaque année au seigneur d'Hamencourt, pour les exposer dans la chapelle de Saint-Julien, le jour de la fête du saint [3]. Elle avait aussi des vêtements ecclésiastiques d'une grande richesse. Quelques-unes de ses chapes, en drap d'or et en damas blanc, étaient ornées de la représentation brodée de saint Martin [4], ou d'autres saints qu'on révérait dans cette église.

On y disait des messes tardives ou paresseuses, les lundis et

[1] « A maistre Melcior Guerin et ung sien compaignon fondeur de cloches, a esté paié la somme de vingt-cinq livres tournois, en quoy lesdictz maneglisiers et paroissiens de lad. église estoient convenuz avec eulx pour leurs paine, journées et vaccations, d'avoir fait et refondu les trois cloches de lad. église, assavoir : la seconde, tierche et quatriesme cloches, pour ce, icy XXV l. tour. » (Registres aux comptes de la fabrique de l'église Saint-Martin, 2e vol. coté B.)

[2] « A Jehan Brochart, maistre fondeur, quarante-six livres et soixante solz de vin de marché restant de LX l. moyennant laquelle somme led. Brochart s'est obligé de faire une cloche d'un ton plus bas que la plus grosse des deux qui restoient à lad. église, et la rendre bonne parfaite et concordante, icy VL l.

« A Jehan de Lihu pour l'argille qu'il a convenu, tant à faire le moulle de lad. cloche, que le fourneau où elle a esté fondue, pour les bricques qu'il a fourniz aud. fourneau, et amener le métail, luy a esté paié, ci IIII^xx^ l. XIIII s.

« Pour *un cent d'œufz* employés au moule de lad. cloche, XIIII s. » (*Ibid.* 8e vol. coté H.)

[3] « Pour precт faict au sieur de Hamencourt, le jour de saint Julien de quelques relicques de l'église de céans, pour exposer dans la chapelle dud. saint, à Hamencourt, XXIIII s. » (*Ibid.* 4e vol. coté D.)

[4] « *Item.* Pour ung ymage de monsieur saint Martin, faict en broderie par la dame Miege, et quy a esté posée à l'une des chappes de damas blancq, a esté paié aud. Miege la somme de neuf livres, cy IX l. » (*Id. ibid.*)

jeudis à dix heures du matin, et une messe matineuse chaque jeudi à six heures du matin. Indépendamment de ces messes, il y en avait d'autres de saint Adrien, de saint Roch, de saint Crépin, de saint Cosme et de saint Damien, lesquelles avaient été fondées par des bourgeois de Doullens. On y célébrait également des services de sainte Anne, de sainte Cécile, de sainte Marguerite et de sainte Catherine; les deux derniers étaient dus à la dévotion de mademoiselle Brisse [1].

Les quêtes étaient nombreuses : il s'en faisait aux saluts du saint sacrement, de la sainte Vierge, de saint Martin, des pèlerins de saint Nicolas, etc. [2].

Des dames et demoiselles des premières familles de la paroisse, telles que mesdames Lucet et Le Correur, mesdemoiselles de Rimbert et de la Neufville quêtaient à l'envi, pendant toute l'année, pour la décoration de la chapelle de la Mère de Dieu [3].

Il serait difficile de dire combien d'objets précieux étaient légués, chaque année, à l'église Saint-Martin. Tantôt on lui laissait une robe de drap noir fourrée de blancs agneaux [4]; tantôt un chaperon, aussi en drap; d'autres fois, c'était une brillante ceinture de soie, enrichie de feuillages d'argent ou un chapelet en jais, avec un chef de saint Jean en argent [5], ou bien encore, une épée à fourreau doré.

L'église Saint-Martin percevait, d'ailleurs, des cens assez considérables sur plusieurs maisons de la ville. Les noms de quelques-unes de ces maisons, à l'usage d'hôtellerie, sont parvenus jusqu'à nous. On citera seulement ici celles du *Heaume*, de l'*Écu de France* et de l'*Image saint Adrien*, qui se trouvaient sur la place du Bourg; celle du *Dauphin*, rue Marjolaine [6]; celle du *Bœuf cou-*

[1] *Acte du 9 may 1724.*

[2] Registres aux comptes de la fabrique de Saint-Martin, 8e vol. coté H.

[3] *Id. Ibid.*

[4] « Des exécuteurs du testament de défunt Pierre de Douay, lequel avoit légatté à lad. église, pour estre inhumé en icelle, sa robe de drap noir, fourrée de blancs aigneaulx, de la somme de VI livres, ci VI l. » (*Ibid.* 1er vol. coté A.)

[5] « De Guillemette Beignet, laquelle a donné par légat une patenostres de jaiet où il y un *chief saint Jehan, d'argent,* et une chaine de letton. » (*Ibid.*)

[6] Comptes de la fabrique de l'église Saint-Martin, 6e vol. coté F.

ronné, rue des Maizeaux, et celle de la *Lune*, rue Saint-Ladre, presque vis-à-vis le *Petit Cercamp*. Les historiens de Doullens ne parlent pas de ces hôtelleries, sur lesquelles il devait y avoir cependant bien des choses intéressantes à dire.

L'église recueillait encore une grande quantité de blé des terres qu'elle possédait aux villages de Hem et de Bouequmaison. Ces terres lui avaient été données pour la fondation de messes et d'obits. Par un sentiment de délicatesse et de justice qui fait honneur à la fabrique, lorsque les ravages de la guerre venaient à priver les fermiers d'une notable partie de leurs récoltes, les marguilliers consentaient généreusement à leur faire remise du tiers et quelquefois de la moitié de leur redevance. C'est ainsi qu'en 1538 Jean Defontaine fut tenu quitte de quatre setiers huit boisseaux de blé qu'il devait à l'église pour son fermage des terres labourables de cette église, pendant l'année 1536, attendu qu'il n'avait pu rien remettre sur ces terres, à cause du camp établi par le roi de France, au village de Hem, et en considération des pertes qu'il avait essuyées [1].

L'église touchait en outre, dans le XVIIe siècle, le loyer d'un vaste bâtiment servant d'écurie au gouverneur de la ville. Mais, dans les derniers temps, cette écurie, qui était située rue des Maizeaux, ne produisait presque plus rien à la fabrique. Les gouverneurs, quoiqu'ils y logeassent leurs chevaux, refusaient souvent d'en payer la location. Le duc de Chaulnes, en 1658, et le marquis de Baule, en 1673, rejetèrent bien loin, et avec un insultant mépris, les réclamations que les marguilliers leur adressèrent à

[1] « De Jehan Defontaines demourant à Hem, pour la revendition à lui faite de quatre sestiers huit boyseaulx de blé qu'il doit chacun an à lad. église, pour le marché qu'il a à icelle, de douze journeulx de terres labourables qu'il tient de lad. pour l'espace de neufz ans, icelui Defontaines ne remist sur lesd. terres en l'an MV[c] XXXVI, *à raison du camp du Roy nostre sire* qui fut sur led. villaige de Hem, pais et terroir environ; parquoy mis en advis par lesd. maneglisiers, *en considérant les pertes, domaiges et intérets*, portez et soubstenus, par led. Defontaines, à cause des raisons ci-dessus aleguées iceulx maneglisiers *luy ont moderé, quitté et remis lesd. quattre sestiers et demy de blez escheux* et à paier à la Sainct-Remy, MV[c] XXXVI, pour la somme de cinquante sols, cy L. S. » (Registres aux comptes de la fabrique de l'église Saint-Martin, 1er vol. coté A.)

cet égard. Le marquis de Baule fit même entendre contre eux des menaces que n'eût pas dû se permettre un officier général des armées du roi[1]. Ces affligeants débats n'eurent un terme qu'après que la ville, sur l'invitation de l'intendant de Picardie, eut pris l'engagement de payer annuellement aux marguilliers la somme de 15 livres, pour le loyer de ces écuries, au lieu et place des gouverneurs de Doullens[2].

Il existait encore une autre source de revenus pour l'église : c'était le droit de maîtrise que devaient verser ceux qui se faisaient recevoir brasseurs. Ce droit s'élevait à 6 livres, quand le récipiendaire n'était pas fils de brasseur, et à 60 sols seulement lorsque l'aspirant pouvait établir que son père avait exercé ce métier[3]. L'origine de cette redevance assez extraordinaire provenait du consentement que le clergé de l'église avait donné aux maîtres brasseurs de Doullens de faire poser un tableau représentant saint Arnoult, leur patron[4], non loin de la chapelle du sépulcre, laquelle se trouvait derrière celle de Saint-Nicolas et qui sert maintenant de sacristie aux chantres.

L'église Saint-Martin conserva longtemps de curieux usages :

[1] « Il et à notter que du seigneur marquis de Bolle (Baule), gouverneur de cette ville et à présent occupeur de la maison qui est à usage d'escuirie et appartenant à l'église de ceans, qui a cy devant aussy esté occupée par le seigneur duc de Chaulnes, *n'a esté rien receu,* quelques demandes, avec prières, que les rendans (compte) en ayent faicts audict seigneur marquis de Bolle, *lequel les a toujours rebuté, avec mespris et menasses;* portant cet article ne servira ici que pour renseignement. » (Registres aux comptes de la fabrique de l'église de Saint-Martin, 6e vol. coté F.)

[2] *Acte d'assemblée du 27 mai 1719,* papier in-4°, titres de la fabrique.

[3] « Font recepte, les comptables, de la somme de six livres paiée par Pierre Leviesier, maistre brasseur, demeurant à Doullens, à cause de sa réception de *maitrise* au mestier de brasseur, *comme n'estant fils de maistre,* icy vi l. » (*Ibid.* 5e vol. coté E.)

[4] « Avons ordonné du consentement desd. marguilliers, que lesdits *brasseurs* pourront faire poser *ledit tableau* au-dessus de la porte du sépulcre, entre l'image de saint Arnoult et le tableau de Jehan de Riéulcourt; aux conditions de donner à lad. église la somme de *six livres par chacun desd. nouveaux maistres, que ne seront fils de maistres,* et *soixante sols pour ceulx qui seront fils de maistres, etc.* » (Sentence du prévôt royal de Doullens, du 25 mai 1652.)

pendant la semaine sainte, appelée autrefois la *semaine peneuse*, on couvrait la chaire du prédicateur d'un pièce d'étoffe noire, au milieu de laquelle était peint en blanc un grand crucifix. Le sépulcre dont on vient de parler était lui-même tendu de noir [1], et l'on y faisait brûler quantité de cierges, ce qui lui donnait l'aspect d'un véritable tombeau. Avant ce beau sépulcre, qui fut offert à l'église Saint-Martin par Jean Bouilliet, vers la fin du XVIe siècle, ainsi que le constate l'inscription qu'on lit au bas, il devait en exister un autre au même endroit, car on voit que Jean Potier, peintre et tailleur d'images, avait mis au-dessus de la porte de cet ancien sépulcre les figures de Pilate, d'un tyran et d'une sainte Barbe, dans le cours de l'année 1538 [2].

Aux fêtes de la Pentecôte, on jetait au peuple, comme dans plusieurs autres édifices religieux du diocèse d'Amiens, des oublies du haut de la voûte du chœur; on lâchait en même temps une blanche colombe, pour représenter la descente du Saint-Esprit sur les apôtres [3].

Le jour du Saint-Sacrement, on dressait un reposoir magnifique dans la chapelle de la sainte Vierge, et l'on couvrait de fleurs et de branches d'arbres les murs de l'église.

Chaque année, le curé de Saint-Martin faisait une procession appelée *procession de Cocqueville*, pour rendre grâces à Dieu du danger auquel on avait échappé, lorsque le chef des huguenots de ce nom s'était avancé vers Doullens pour s'en emparer.

A la Saint-Martin d'été, on allumait un grand feu, devant le

[1] « Paié à Estienne Lorel, teinturier, pour le loier des *thoiles noires par lui baillées, pour tendre le sépulcre, la semaine saincte* de l'an de ce compte, LX s. » (Registres aux comptes de la fabrique de Saint-Martin, 5e vol. coté E.)

[2] « A Jehan Potier, peintre et tailleur d'images, pour avoir paint le *Dieu de pitié* avec l'*image de Pilate*, d'un *thiran* et de *saincte Barbe*, mis et apposez par desseure l'huich du sépulchre, comme on peut le voir ad présent, a esté paié LII s. VI d. dont les bonnes gens en venant à devocion ont donné la somme de XXXII s. d'où resteraient à paier aud. peintre, à la part de lad. église, la somme de X s. VI d. » (*Ibid.* 1er vol. coté A.)

[3] *Item* A esté acheрté par lesd. maneglisiers, pour ving-quatre sols d'*oublies*, pour servir à ject r à chacun jour de Penthecouste, des années de ce compte, à la représentatio au Sainct-Esprit, ci XXIIII s. » (*Ibid.* 2e vol. coté B.)

portail de l'église, avec le bois recueilli la veille chez les principaux paroissiens. Ce qui restait de ce bois était ensuite vendu au profit de la fabrique[1].

Enfin, aux matines de Noël, on remplissait de charbon les *bers* (espèce de réchauds en forme de petits berceaux)[2], pour chauffer les ecclésiastiques et même les laïques qui ne pouvaient supporter le froid pendant les longs offices de la solennité.

Ces usages, dont plusieurs frappaient si vivement l'imagination de nos pères, ont cessé d'exister à Doullens. Ainsi disparaissent, chaque jour, des fêtes, des cérémonies qui n'étaient pas sans intérêt pour l'homme qui aime à étudier les mœurs et les anciennes coutumes de son pays.

[1] « Pour bois quy est resté du *feu Monsieur saint Martin*, a esté receu durant les trois années de ce compte, ci XL s. » (Registres aux comptes de la fabrique de l'église Saint-Martin, 3e vol. coté C.)

[2] « Pour le charbon qu'il a convenu achetter pour chauffer les *bers* de l'église aux matines de Noël, etc. ci LX s. » (*Id. ibid.*)

IMPRIMERIE IMPÉRIALE. — 1866.

www.ingramcontent.com/pod-product-compliance
Lightning Source LLC
LaVergne TN
LVHW020457230826
846091LV00008BA/3251
* 9 7 8 2 0 1 3 6 6 8 2 5 5 *